名师名校名校长

凝聚名师共识
国家名师关怀
打造名师品牌
培育名师群体

顾明远题

美育杂谈

全科美育理念下的美育教学探索与实践

MEIYU ZATAN

QUANKE MEIYU LINIANXIA DE MEIYU JIAOXUE TANSUO YU SHIJIAN

黄伟明

东北师范大学出版社

长 春

图书在版编目（CIP）数据

美育杂谈：全科美育理念下的美育教学探索与实践 / 黄伟明著. —长春：东北师范大学出版社，2023.4
ISBN 978-7-5771-0215-3

Ⅰ. ①美… Ⅱ. ①黄… Ⅲ. ①美育—教学研究—中小学 Ⅳ. ①G633.950.2

中国国家版本馆CIP数据核字（2023）第076006号

□责任编辑：石　斌　　□封面设计：言之凿
□责任校对：刘彦妮　张小娅　□责任印制：许　冰

东北师范大学出版社出版发行
长春净月经济开发区金宝街 118 号（邮政编码：130117）
电话：0431-84568023
网址：http：//www.nenup.com
北京言之凿文化发展有限公司设计部制版
北京政采印刷服务有限公司印装
北京市中关村科技园区通州园金桥科技产业基地环科中路 17 号（邮编：101102）
2023年4月第1版　2023年6月第1次印刷
幅面尺寸：170mm × 240mm　印张：9.75　字数：48千

定价：68.00元

目录

上篇　让美育之花开遍每个角落

下篇　让美育走进每个孩子心里

上篇

让美育之花开遍每个角落

美育花开

——粤北农村地区美术教育的现状与思考

在现代教育理念的影响下，考试成绩已经不再是教师一天到晚关注的事情，但毫无疑问，考试成绩仍是学校衡量教师工作能力的重要抓手。而不纳入考核的美术课，被不少人视为“鸡肋”，食之无味，弃之不能。尤其在农村中小学，这种现象更普遍。以粤北（广东省北部地区）清远市为例，农村中小学基本上只有一位美术教师，很多时候美术教师还要兼教其他学科。部分学校甚至没有美术教师，导致农村中小学的美术课不能开齐、开足；有些学校甚至直接将美术课看作可有可无的课程，致使当前农村中小学美术教育存在很大的问题。这与核心素养教育教学理念是相悖的。为了有效解决农村中小学美术教研难的问题，促进学校之间协调、均衡地发展，优化资源配置，分享优质教育资源，缩小校际教育差距，我们想了不少办法。

近年来，随着国家对艺术教育的日益重视，各地对艺术教育的投入力度也在不断加大，以清远市为例，各县（市辖区、县级市）这两年都加大了招聘和培训艺术教师的力度，2017—2018 年，清远市全市新增编制内美术教师超过 30 人。但是，能否确保招聘的美术教师都能从事美术教学工作呢？我们在清远市乡村美术教师培训班80人的问卷调查中发现，许多乡镇学校没能正常开齐、开足美术课，这种情况在农村学校的教学点更为严重，究其原因有以下几个：一是学校没有美术专业教师（这种情况主要出现在农村学校，尤其是教学点，有一个乡镇中心小学共有5位美术专业教师，其中4位教师要兼任其他学科的教学任务）。这种现象的存在既影响音体美学科的正常开展，也必将影响其他学科的教学效果。长此以往，后果将不堪设想。二是很多美术专业的教师已经转岗去教其他学科。三是缺乏进行美术教学的场所及必要的设施设备。即使有设备，也是一些不适用的设备，如义务教育阶段学校的石膏像、写生台、画架等，这些设备不适应现代教学的需要，既是一种浪费，也给美术教学带来了困扰。大部分市、区和县城的学校都面临美术室不足的困境。四是美术教师的知识老化严重。很多乡村美术教师学历不高,在工作中缺乏学习热情,知识更新的速度跟不上教学的需要。五是非教学工作任务繁重，无法集中精力投入教学。近年来，各种检查、评比、创建等工作一浪高于一浪，尤其是非教育系统组织的各项工作和活动，每一项都与教育有关，与学校有关，与美术教师有关，教师都在疲于奔命。看来，要想解决这些问题，还需要真正做到“各就各位”，让各学科教师回到自己应在的岗位，学校和有关部门也应该回到自己应在的位置。

学校也碰到了一些尴尬的情况，现在高校美术专业毕业的学生，有很多被分到这种基层的学校，但却留不住，其中一个原因就是他们难以适应那里的环境。例如，开展“乡村美育活动”连南乡村美育项目的两所学校，在暑假期间，美术教师就因各种原因调走了，给实验项目带来了困难。而这两所学校的这种情况在其他农村学校也时有发生。显然，农村学校留不住教师，那么，这种情况该如何解决？这几年农村学校有了农村岗位津贴，情况已有所好转，但是，偏远的学校还是很难留住人才，尤其是年轻教师。另外，很多农村学校的学生在减少，很多家长觉得农村学校的教学水平不如城里的学校高，有条件的家庭都把孩子往城里的学校送。我们评价一所学校办得好不好，往往是看这所学校所取得的成绩好不好。有些农村学校不是没有条件办好，而是苦于学生数量少。我在陪同广州美术学院陈卫和教授及其他高校教师与时任连南教育局局长邓海峰沟通“乡村美育活动”连南乡村美育项目学校美术支教的时候，也谈到了学校师生情况不稳定这一问题，这也是农村学校开展艺术教育面临的一大困境。我认为，面对这样一个局面，农村学校更需要艺术教育，因为即便农村学校拥有好的师资、好的学生，如果学校只注重文化教育而不注重艺术教育尤其是美育，学生一味地追求文化成绩的提高，也必然会使学生的学习生活乏善可陈。可以说，这是当下农村学校应该正视的问题。怎么解决这个问题呢？那就是农村学校要加强艺术教育，通过艺术教育来有效解决这个问题。

策略一：教研联盟，聚力同行

以清远市清新区石潭镇为例，2013年以前，该镇中小学辍学率很高，个别学校的辍学率已经在25%以上，甚至引起了《南方日报》的关注和报道，当时分管教育的副省长为此专门做了批示。近年来，该镇针对该镇辖区内每所学校只有一名美术教师（有的学校甚至没有专业的美术教师），美术课很难正常开展，美术教研更无从谈起的情况，积极开展第二课堂，在市教研院的牵头，组织下，通过清远市美术教研联盟石潭实验基地的运作，每月开展一次全镇的教研活动，充分利用校内外师资力量，全面开展美术教育，激发学生的学习兴趣，进而以点带面，对其他学科也产生了良好的影响，非艺术学科的成绩也在逐年上升。通过开展美术教育，该镇中小学的辍学率近几年来逐年下降，近两年已控制在1%以内，师生关系、家校关系及教育的美誉度均有了很大的改善与提升，实现了乡村教育的“变形记”。这就是以美术教育为抓手，从而达到以美术教育为特色，带动其他学科均衡发展的效果。从石潭镇的变化，我们可以窥见美术教育在该镇教育“变形”当中所起的作用。

策略二：借力高校，共创共建

“乡村美育活动”连南乡村美育项目于 2018 年 3 月在连南瑶族自治县大麦山镇上洞小学（以下简称“连南上洞小学”）启动。一年来，“乡村美育”志愿者和种子教师共同探索非遗文化传承和乡村学校美术教育之路，通过夏令营暨工作坊和艺术支教等方式，创新农村小学美术教学，激发了乡村学校艺术教育活力。随着该项目的深入，我们也遇到了一些困难和问题：一是项目团队对瑶族文化本质和艺术形式特征认识不够，对到底“要传承什么”这一教学重点落实不突出，学习不深入；二是项目受益者仅是每月艺术支教班级的学生，惠及全校学生时出现“进课堂”瓶颈，“如何传承”要找到有效的途径。“乡村美育活动”连南乡村美育项目是三年规划，第一年主要是组织队伍打基础，第二年要深入推进出成果，第三年将形成项目学校美育特色面貌。2020年“乡村美育活动”连南乡村美育项目着重文化调研和特色创研，将瑶族文化作为“进课堂”传承学习的内容，包括收集老物件、寻访老艺人、学习老手艺、学习制作服饰图案等，以上工作均取得了阶段性成果。2018年在长沙举办了“全国乡村中小学美术教育研讨会”，连南两个项目的学校教学成果在会上进行了展示，受到了与会专家的好评。

2019年1月，我们开始打造共创共建的升级版，清远市教育局会同广东省中小学教师发展中心和“乡村美育活动”广东乡村美育项目组签订了共创共建中华优秀传统文化传承学校的合作协议，进一步拓展了合作的范畴和空间，为下一步打造学校美育示范校奠定了很好的基础。

策略三：扎根本土，文化传承

文化的传承是教育的根本任务，本土优秀文化是教育不可或缺的部分，美育离不开对本土文化的传承，只有根植于本土文化中的美育才具有生命力。也就是说，一方面，我们要深入挖掘当地的文化，弥补现在美育只停留在浅层次文化了解的短板。农村学校美育过于注重书本知识，紧抓文化成绩，影响了学生的学习兴趣，学生厌学情绪比较严重。我觉得，美育首先要培养学生对本土文化的一种情感。另一方面，我们要通过文化传承调动教师特别是乡村教师的主观能动性。本土的教师都是当地的教师，而刚毕业的外地的专业教师到农村，往往会出现“水土不服”：一是他们没有心思留在当地；二是他们不了解当地的情况。例如，项目学校的一位教师已习惯用自己的方法去教学，但学生听不懂，我们尝试让她换一种教学方式，即适应农村学生的教学方式，她却不感兴趣，认为美术教学应该很浪漫，应该带着孩子去画画。很多教师对绘画的认识也仅停留在如何画得“像”这个层次，这样往往会导致学生把绘画当成取悦别人的事情，而非取悦自己。如此一来，学生在美术创作中又怎会有快乐可言？陈卫和教授发表在《新课程评论》上的《美术教师专业成长》一文写道：“很多美术教师在教学时只谈形式和技术，甚至会执着地向学生灌输这就是艺术。当然，美术专业因为作品创作的需要，形式和技术的教学培养也非常重要，甚至会占用绝大部分的教学时间。但美术教育的专业目标首先应帮助学生认知何为艺术，通过美术的形式去分析和技术表达，让学生从中体验和感悟艺术的作用，从而使身心得到发展和成长。”由此可见，美术教师不是技术师傅，艺术教学不是单一的形式和技术训练。美术教师的职业要求“技道合一”或“技近乎道”，不是无头脑地教学生描摹图形和涂抹颜色。因此，要想做一名称职的乡村美术教师，我们应该有以下特质：一要热爱，即对乡村美术教育的热爱；二要能对这种农村教育的困难有足够的了解；三要热爱并了解当地文化。

策略四：建立机制，全员参与

要想让农村艺术教育持续发展，我们应该往哪方面思考？关键的一点，就是培养当地的教师。乡村教师不一定是美术专业的，事实证明，教得好的不一定都是专业教师，如湘西凤凰小学的龙灵章老师、龙俊甲老师，连南油岭小学的唐莲英老师，清新东安小学的刘智星老师等,他们都不是美术专业毕业的。另外，艺术教育要做好，校长的态度非常关键，连南项目学校的房文生、唐志辉两位校长就做得非常好，“乡村美育活动”连南乡村美育项目的每次活动他们都亲自参加。

在教学中，我一直在反思农村学校的艺术教育，觉得“乡村美育活动”

连南乡村美育项目还应采取一些更切实的保障措施，也就是要建立一个长效机制，以能够让实验学校的美育项目持续下去，这是一个亟须解决的问题。我们已经在尽力解决实验学校的问题，志愿者也起到了关键性的作用，但是现在为什么不好推广呢？其原因在于很多学校的美术课没有课时保障，美术教师没有时间去实施。针对这个问题，我们准备通过全员动员来解决，通过扩大种子教师的面来扩大美育的影响力，当志愿者离开以后或种子教师调离学校时，该校的美育工作不会因此而停止，我们的其他教师也能够持续地做下去。到了三年规划实施结束以后，当志愿者离开，这个学校已经形成了一套行之有效的美育机制，教师可以自己继续做下去。我们正在寻找一种适合乡镇学校的美育方法，使其能够在自己的文化土壤中深耕。一直以来，我们的很多教育就是为了文化考试成绩、升学等，虽然与本土相结合的艺术教育与升学、考试没什么直接关系，但是它在真真切切、实实在在地影响着学生的成长。文化土壤就在学生的身边，教师就在这个“土壤”里，学生从文化土壤里面汲取了养分，长大以后，才能更好地为自己的家乡服务。也就是说，作为瑶族孩子，他们不能对当地的文化知之甚少。所以说，我们要通过行动进行更深刻、更真实的教育。更深刻的教育指的是什么？如果从教育的根本目的出发，认同很重要，艺术是教育的基础，正如陈卫和教授所言：“教育是一块田地，学生是一颗颗的种子，这块田地应该适合每一颗种子的生长，而不是过多地使用农药、化肥，甚至遇上不懂行的人，这些不懂行的人会有一种拔苗助长的心态，这种急于求成的后果就好像用开水去浇这些种子一样，毁灭了所有种子生长的可能。”也就是说，我们必须让艺术成为教育的土壤，因为艺术教育适应所有学生，适合所有学生参与，并促使每个参与的学生都成长。目前，农村的很多学校在文化教育方面的师资远远比不上城市学校，但是农村教师的艺术教学能力，特别是运用本土文化的能力更强。比如，一位数学教师也可以教美术，因为他拥有民族的东西，所以也能教得不错。例如，湘西凤凰小学的吴桂莲老师就是数学老师，是被教研员“逼”着去教美术的，尽管他所学专业与这种传统文化艺术不相关，但并不妨碍他能教好美术课。

孩子们在这种从小就熟悉的环境

中，不需要专门的教学，在成长中潜移默化的文化积累决定了他们能走得更远。在乡村教育中，艺术是文化教育的基础。现在很多教师片面地追求文化成绩，这会让我们的教育变得功利化，从某种角度上来说，多数教师教的是知识，而并非学习的方法、思维的方法。

很多教学个案表明，学生喜欢艺术并不会影响学科类文化课的学习成绩。相反，艺术与学科类文化课学习往往是相辅相成、相得益彰的。有些教师在授课时只限于学科知识的教授，缺少学科思维的培养，有“教”，但没有“育”，教的只是知识，没有艺术。我们所期待的艺术教育也不是现在的为了高考应试的艺术教育，应试教育只是强调了技术，导致许多考前训练如工厂般运作，没有了“育”。艺术教育应该重“育”，高品位的审美是“养”出来的。我们现在的专业化过于强调技术化了，当然，也不能“去技术化”。近年来，随着学校对教师学历的要求越来越高，出现了一批能说不能画、能写不能做（动手能力）的教师，一旦走向这两个极端，对美术教育来说都是不可取的。

我们美育实验基地有效地将“教”与“育”进行了有机的结合。有几所农村小学，学生的学习积极性不高，这些学校首先通过开展艺术教育来激发他们的学习热情，然后通过实施全科美育让学科类学习变得更具趣味性和美感。通过几年的实践，艺术教育提升了学生学习的积极性，改变了学校的教学状态，学校也因此形成了你追我赶的教学局面。

如果将教育比作一块田地，学生就是一颗颗种子。这块田地应该适合每颗种子的生长，而不是只给所谓的“良种”加餐。如果遇上不懂的园丁，他们甚至还会拔苗助长、“浇开水”，毁灭所有种子健康生长的可能。因此，我们必须让艺术教育成为教育的土壤，让艺术教育成为真正意义上的必修课。

首先，艺术教育最适应学生的成长，特别是美术教育，技术门槛低，作业无固定标准，适合所有学生参与，能促使每一个参与的学生有所成长。其次，学校的顶层设计非常重要，要帮教师做出设计。方案的设计要做到“多赢”，既要关注艺术教育，又要更好地促进学科类的教学；既要关注学生的成长，又要关注教师的发展。这就是我们在实施全科美育时强调全员美育的重要性的原因。如果能将顶层设计做好，并按照这个方案去执行，教学实施起来会更为有效。很多学校没有上下联动，美术教师大部分是单打独斗。没有学校和教师的有效配合,学校的美育是不可能做好的。

要做好美育，提高认识很重要。很多教师把美育作为额外的工作，他们不参与美育工作。其实每一位教师都应作为学校美育的一分子。学校美育的任务不应仅仅限于美术、音乐等少数学科，学校要通过各种方式激励学科教师参与美育工作，如通过第二课堂（在我们的美育实验镇中，石潭镇的做法就是开齐第二课堂）、建立美术教研联盟等形式，解决乡村学校艺术教师紧缺的难题，让更多非美术、音乐专业的教师能够担负起美育的重任。

在美术教研联盟的实施当中，我们让不同学科的教师坐在一起备课，同一乡镇的每所乡村学校的教师都参与。

这些教师回去之后就可以发挥骨干的作用，以点带面，进而带动更多的教师参与活动。我们在指导学科类教师做美术课教研时，要做到因学科而异、因人而异。例如，语文教师在上美术课时只需要讲故事，把故事讲出画面感就行了，让学生在教师的讲述中进行美术创作。

我们再回过头来看看学校如何做顶层设计。顶层设计要让师生全员参与，尤其是第二课堂，不是放任学生自由活动，而是教师根据学生的需求、学科的需要，去做一些相应指引。很多教师认为，参与第二课堂是浪费时间，是额外的工作，为此我们要让教师认识到，第二课堂是第一课堂的有效补充，要摒弃功利的艺术教育。作为美术教师，我们只关注特长生是不够的，要关注全体学生。美术教师不能仅围绕着中考、高考教学，而要围绕着学生全面发展的需要，时刻关注全体学生发展的需要，这也是为人师应有的责任。

子曰："兴于《诗》，立于礼，成于乐。"（《论语·泰伯》）这句话的意思是：人的修养开始于学诗，自立于学礼，完成于学乐。是孔子提出的他从事教育的三个方面的内容，诗、礼、乐三者有不同的作用。实际上，在汉语的语境中，艺术并不单单是艺术，也是一种生活方式，甚至看起来像是一种信仰，只不过方向恰好相反：信仰是对超自然、超世俗之存在坚定不移的相信，艺术则是对自然界和世俗生活全心全意的体验和投入。我认为，艺术教育也应该是对自然界和世俗生活全心全意的体验和投入。

聚力前行，共研共进

——以联盟为点，拓展农村中小学美术教育的范围

在传统的教育观念影响下，无论是社会还是学校，当前仍然把应试教育作为首选。以清远市为例，农村中小学校基本上只有1~2位美术教师，他们很多时候甚至要兼教其他学科，这导致了农村中小学的美术教研工作很难有效地开展。为了解决农村美术教研难的问题，促进学校间协调、均衡发展，优化资源配置，分享优质教育资源，缩小校际

教育差距，进一步落实科学发展观，从2015年起，我们就酝酿并成立了以市教研员牵头的清远市美术教研联盟，进行了一系列的有关农村中小学美术教育教学的研究。

一、成立清远市美术教研联盟实验基地，确立联盟学校

清新区石潭镇现有中小学校18所，其中初级中学3所，小学15所，教学点7个，这些中小学校位于偏远山区，美术教师配备不足，从而制约了学校艺术教育的发展。市美术教研联盟根据各学校的条件，经过实地考察研究，将石潭一中、石潭二中、石潭三中、石潭中心小学、石潭二小、东安小学、南楼小学以及各校教学点作为实验基地，石潭一中、石潭二中、石潭中心小学、石潭

二小作为课改示范校。

二、确定清远市美术教研联盟的工作目标

市美术教研联盟以清远市美术教研中心、清远市教育学会美术书法专业委员会为依托，结合清远市美术家协会和清远市民间文艺家协会的人力资源，树立“以美育人，因材施教”的现代教育思想，整合、均衡教育资源，从课堂教学、校本教研、教学常规落实、艺术活动项目开展等方面入手，以调研校情、教情和学情为突破口，以校定教、以学论教，研学促教，打造美术教研联盟教研文化，实现联盟内“骨干交流，教研共建，特色互补，文化渗透”的美术教研目标。具体目标如下：

（1）立足本联盟实际，帮助并指

导各校初步修改制定出适应推进课改的规章制度和活动方案，促进学校美术教研向精细化、教学向精准化、评价向导向化方向发展，促进学校高效课堂的构建向自觉化、经常化、有效化方向发展，不断提升美术教师的敬业精神、教学水平以及学校的文化内涵，使学校获得长足发展、全面发展。

（2）初步促进美术教师教学理念、教学行为的全面转化，充分发挥学生的主体作用，构建符合校情的高效课堂。

（3）充分利用学生，依靠学生，使学生在习惯养成、学科素养和身心健康等方面得到教育和发展。

（4）加强教学教研工作，有计划地组织开展联盟内的教学教研工作，力争使联盟内各校的美术教育教学质量有较大的提升。

自成立市美术教研联盟实验基地以来，联盟内的学校以人为本、实事求是，深入剖析自身条件，努力开发第二课堂校本课程，充分发掘学生特长，搭建学生施展才华的舞台，尤其是美术学科，自开展第二课堂以来，学生创作了素描、剪纸、手抄报、绘本、手工、绘画、竹壳画、雕塑等形式多样的美术作品，经过几年的不懈努力，联盟内的学校培养了以石潭一中陈美欣、欧佩云为代表的一批有艺术才华的学生，有效破解了学生流失严重的难题，达到了教学相长的目的。广大师生也重拾信心和希望，学生能够更加阳光、更加自信、更加快乐地成长。例如，石潭一中结合“控流保学”目标，提出“培优扶特，优特结合”的发展思路，努力建设来自儒家“中和位育”思想的“和育”文化，以国家基础课程、拓展必修课程、研学实践课程、社团选修课程为体系，以提升五大素养（语言素养、人文素养、科技素养、体育素养、艺术素养）为核心，开发校本课程，构建动静结合的课程文化，让不同的学生根据各自的特长、潜能，在不同的领域健康成长。

三、制定清远市美术教研联盟工作措施

清远市美术教研联盟石潭实验基地，是市教育教学研究院针对乡镇学校办学规模较小、美术教师不足，甚至有些学校没有美术教师的现象而设立的实验基地，目的是通过联盟的形式整合石潭镇的美术教研力量，并借助清远市教育学会美术书法专业委员会的资源，开展集体备课，专题美术教学，邀请专家、

名师、民间工艺大师进课堂等形式多样的活动。清远市美术教研联盟石潭实验基地不定期地开展有针对性的专题讲座，提升教师的教育理念和知识水平，从每一次教研业务学习上进行拔高，要求石潭镇骨干美术教师做到每一节课都上到学生心里去，要求美术教师从一本薄的美术书开拓丰富的美术核心素养知识，要求教师开启“溯本求源”的大门，不要“浅尝辄止”，要有更高的见识。具体的工作措施如下：

（1）认真落实清远市教育教学研究院蹲点教研工作要求，积极深入学校调查研究，帮助学校建立健全课改管理、实施制度；积极深入课堂，了解、分析问题，及时与领导和教师研究对策，确定方法策略，认真落实并解决问题，真正做到促进教师、学生和学校的全面发展。

（2）树立“以美育人，因材施教”的教育理念，组织美术教师充分认识自我，激发师生对美术教育的热情，确定好发展的目标与措施，并为之努力奋斗。

（3）从学校实际出发，结合市、区教学教研的常规要求，不断创新学校的美术教育管理，提升美术教师的教学教研能力。

（4）按计划认真开展联盟教研活动，为教师快速成长提供平台，每次活动要突出一个研究主题，通过教研活动促进课改推进和骨干教师的成长。

2018 年 9 月 11 日，广东省黄伟明名师工作室深入基层学校，与清新区石潭镇美术联盟教育基地骨干中小学美术教师齐聚清新区石潭镇第一初级中学，指导交流石潭镇新学期美术教研工作（图1）。

图1　深入基层学校指导工作

四、市美术教研联盟实验基地教学成果展

市美术教研联盟让美术教师抱团开展教研，打开了教学方法和创作方法上的思路，使教研更有针对性和实效性。美术教师利用乡土资源寻求特殊美术媒介，促进了农村美术课堂教学水平的提高。他们把可供利用的乡土资源归为三

大类：第一类是农耕劳作产生的资源，如稻秆、玉米棒、黄豆秆等；第二类是农村的生物，包括鸟儿、鱼类、昆虫等动物，这些都是孩子们认知的好伙伴；第三类是家庭废旧资源，如饮料瓶、包装盒等，定期向家长们回收这些资源。在美术教学教研中，师生以农耕文化为载体，结合本土资源，进行民间故事、民间传说的收集，并以绘本的形式进行创作，开展艺术家与作品个案研究、儿童绘画研究、插图研究、雕塑研究，让学生在社会实践和艺术实践中深刻地认识到，生活是艺术的源泉。毛泽东在《在延安文艺座谈会上的讲话》中提出："人民生活中本来存在着文学艺术原料的矿藏，这是自然形态的东西，是粗糙的东西，但也是最生动、最丰富、最基本的东西……它们是一切文学艺术的取之不尽、用之不竭的唯一的源泉。”民间美术作为民俗学的组成部分，既是中国民间文化的缩影，也是民族精神的外显。民间美术作为老百姓自娱性的艺术，历经几千年的沉淀，其中优秀的作品、精湛的工艺和质朴的匠人精神都值得我们追寻。在美术教学中，教师将这些优秀的民间文化注入小学课堂，不仅可以丰富美术教学内容，还可以培养和增强小学生的民族自豪感和认同感，有利于促进对民间美术的保护。世界是多元的，也是民族的，《全日制义务教育美术课程标准（实验稿）》的基本理念中有这么一段话：“培养学生对祖国优秀美术传统的热爱，对世界多元文化的宽容和尊重。”为此，我们需引导小学生积极参与中华民族优秀文化的传承。

以下作品是以“农耕记忆”为主题，

由石潭镇中小学学生创作的作品，有麻线粘贴色彩画、水粉画、装饰画、国画、竹壳画、石头画、景泰蓝画、沥粉画等。其中，竹壳画是石潭一中的学生严格筛选大型的苦竹、单粉竹、毛竹的壳做材料，经过去毛、浸泡、熏蒸、晾干、压平等工序，再把竹壳削薄，选择光滑面用烙铁烫、雕刻，最后粘贴制作而成的。石潭二中的学生则借鉴了传统的景泰蓝制作工艺，制作了以广东省鸟笼非遗项目为题材的作品。

图 2　“农耕记忆”主题作品展

图3　水粉画《农具》
（作者：石潭一中　黄嘉欢
指导教师：叶子仪）

图4　水粉画《闲暇时光》
（作者：石潭一中　李小莉
指导教师：叶子仪）

图 5　水粉画《农忙》
（作者：石潭一中 黎颖熙
指导教师：罗月媚）

图 6　装饰画《牧童的歌声》
（作者：石潭一中 郭天娣
指导教师：罗月媚）

图 7 装饰画《展翅高飞》
（作者：石潭一中 李小莉、黄嘉欢
指导教师：叶子仪）

图 8 装饰画《百态》
（作者：石潭二中 欧家和
指导教师：张洁敏）

图 9 装饰画《收获》
（作者：石潭二小 庞海桐
指导教师：梁少梅）

图 10 装饰画《对话》
（作者：石潭二中 黄素珍、欧卫渔
指导教师：张洁敏）

图 11　装饰画《耕》
（作者：石潭二小 陈敏瑜
指导教师：蔡婉华）

图 12　版画《可爱的小屋》
（作者：石潭镇中心小学 陈铭希
指导教师：黎新娣）

（图 13　儿童国画《家乡印象》
作者：石潭镇中心小学 陈焱彬
指导教师：刘婉玲）

图 14　麻线粘贴色彩画《陶》
（作者：石潭三中 伍秀珍、陈舒晴、
刘嘉森、陈子伟
指导教师：刘家玲）

图 15　麻线粘贴色彩画《陶》

（作者：石潭三中　伍秀珍、陈舒晴、

刘嘉森、陈子伟

指导教师：刘家玲）

图 16　木刻画《南楼印象——放学路上》

（作者：石潭镇南楼小学　成清梅、

何燕冰、陈咏诗

指导教师：邵晓玲）

图 17 吹塑版画《南楼印象——歇息》
（作者：石潭镇南楼小学 成汝杰
指导教师：邵晓玲）

图 18 纸浆画《舂米》
（作者：石潭镇东安小学 成宇峰、卢德锡
指导教师：张曼媚）

图 19　纸浆画《犁田》
（作者：石潭镇东安小学 成紫敏、成清清
指导教师：张曼媚）

当前农村中小学面临的这些问题，使教学在条件上有很大的限制，这需要进一步加大对农村美术教育的投入。同时，农村中小学美术教育也有自己的优势，我们要善于利用这些优势，把农村中小学美术教育办得更有特色。自清远市美术教研联盟石潭实验基地成立以来，石潭镇的美术教育进入了“高铁时代”，较之前有了很大进步，我们希望以点带面，拓展农村中小学美术教育，努力构建起适应当地美术教研发展的高效课堂，切实提高美术教育教学质量，让更多的学生进一步了解美术，爱上美术这个学科。

参考文献

[1] 黎俊．优化教学资源配置　促进基础教育均衡发展［J］．读写算（教育教学研究），2015（30）：133.

[2] 中共中央文献研究室．毛泽东文艺论集［M］．北京：中央文献出版社，2002：63.

构建项目学习共同体，打造乡村教研新模式

——以清远市石潭镇“农耕记忆”美术教研项目为例

石潭镇地处清远市清新区北部，地势奇特，气候温和。勤劳智慧的石潭人依靠着这独有的地理资源优势，辛勤耕耘着。石潭镇现有中小学校18所，其中初级中学3所，小学15所（分教点4个）。在职在编美术教师9人，其中专职2人（中学1人，小学1人），其他均为兼职，临聘3人兼教其他学

科。按生均课时计算，缺口约10人。我在与石潭镇中心校校长讨论当前乡村艺术教育的困境时，着重谈到的便是师资的匮乏。农村学校要开展美术教学活动尤其不容易，特别是下设的教学点，即使是兼职美术教师也不容易找到，更别说拥有专业的美术教师队伍了。有些教学点只有几位教师，不可能兼顾所有的学科。在这样的现实情况和条件下，乡村美术教育不仅要“输血”解决眼前的困难，还要“造血”促进自身长远发展，立足核心素养视域下的地方美术资源，通过“项目学习共同体”的协同发展实践，促进当地教师对优良传统的传承与创新，促进其专业发展，采用这样的方式可以有效解决师资匮乏的根本问题，因此，清远市美术教研联盟应运而生。

清远市美术教研联盟以清远市范

围内经验丰富的美术教师及石潭镇的美术教师作为教研成员，建立了清远市美术教研联盟石潭实验基地（图 1）。在教学实践过程中，教学对象学段（1~9 年级）跨度大、教师专业素养参差不齐的问题逐渐突出。部分执教教师为非美术专业，能够上完一整节美术课已实属不易。所以，在项目实施过程中如何有效开展美术教研是我们必须面对的一个重点课题。

图 1　清远市美术教研联盟石潭实验基地揭幕仪式

一、项目主导，构建美术教研协同发展体系

教育均衡发展不容忽视的关键点是农村教师的专业发展，而促使农村教师专业发展的难点，是找到切实可行的发展路径和策略。我们采用“项目主导，任务驱动”的方式，以项目为线索、以子项目为模块，结合信息化时代需求及每位教师的接受能力，在符合学生认知特点的基础上，悉心组织教学内容。教师在发展过程中时刻强调所学知识要与时代同步。

在此过程中，我们需要寻找“项目”作为教研突破口。立足核心素养视域下的地方美术资源，我们将方向锁定在了“农耕记忆”这个项目。为什么会选择“农耕记忆”呢？一方面，“农耕”

是当地人祖祖辈辈的生产生活方式；另一方面，“农耕文明”是中华民族独特的文化内容和特征。项目的选择很重要，既要因地制宜凸显学校特色，又要因势利导让学生“感冒”。所以，我们在选择这个项目的时候，师生自然而然有认同感：在项目实施中，促进教师对优良传统的传承与创新，促使学生积极参与体验。

构建“农耕记忆”项目学习共同体，促进跨区域美术教学。在“农耕记忆”项目推进过程中，参与教研活动的教师有了共同的话题和方向，便会对课堂教学策略进行思考、探索，并在不断引导中对各自的想法进行讨论交流，迸发教学灵感。在“农耕记忆”项目开展过程中，我们注重开展培训和交流活动，如邀请成都东城根小学特级美术教师黄勇来清远交流教学，佛山市美术骨干教师王清清进行示范课教学（图2），清远市民间文艺家协会吴共建主席做“农耕文化”主题讲座，等等，并以此为基础，层层递进开展系列化教研，使教师协同发展、取长补短，促进团队意识融入教研机制。这些活动不仅提升了教师队伍的专业素养，而且通过互助共研开展教学实践，提高了教师的研究能力。

图2　佛山市美术骨干教师王清清受邀进行示范课教学

二、因地制宜，打造美术教育一校一品

目前，美术教学目标已从“知识与技能、方法与过程、情感态度与价值观”转向以培养学生核心素养为主。图像识读、美术表现、审美判断、创意实践和文化理解，这五大美术学科核心素养已成为美术教育课程的新目标。依据地理位置、文化背景、自然资源、师资力量等因素，立足核心素养视域下的地方美术资源，设计乡土美术课程，有利于促进师生对地方文化的理解、认同、热爱与传承。例如，蒲坑村以盛产蒲坑茶扬名，在蒲坑小学，我们便设计了表现茶文化的相关美术课程，其中，针对一些非专业教师，教学形式多以创意手工、拼贴画呈现；

东安小学要求美术教师在指导学生进行纸浆画创作时讲授农耕文化知识，将具体制作工序讲清楚就可以了，给予学生足够的时间进行创作（图3~图6）；南楼小学的邵老师对木刻有自己的独到见解，学校便开设了原版木刻课（图7）；石潭镇第二小学结合学校的大课间传统活动——跳绳，将大量线性材料运用到拼贴画的创作上，形成了校园特色。根据核心素养视域下的教学方式情境化、多元化的要求，我们寓教于乐，将“优秀文化基因”潜移默化地融入学生的成长过程中。

图3　学生创作1

图4　学生创作2

图 5　学生创作 3

图 6　学生创作 4

图 7　原版木刻

在课程内容选择方面，美术教学不仅要充分考虑学生的特点，而且要考虑课程开展的可行性与安全性。例如，同样是用当地的竹子作为创作材料，中学选用竹头、竹筒、竹篾等具有一定操作难度的部分（图8、图9），小学则使用竹壳、竹叶等轻便且安全性能更高的材料进行创作。

图8　中学生创作1

图9　中学生创作2

在问题情境设置方面，美术教师应将当地民间传说、民间美术、非遗文化等乡土特色融合到美术课堂教学中，引导学生选择和获取知识，使学生学会解决问题。

美术教师应将美术教育以“视觉形式”展现，进而培养学生学科核心素养，让学生以乡土艺术为起点，逐步感受世界多元的文化。美术教师要善于开发地方美术课程资源，充分利用现有资源丰富美术教学内容，突出地方美术教育的特色。这样的收集、整理过程对于美术教师来说，既是一种艺术创造，也是形成特色课程的关键一步。

三、循序渐进，及时有效推进项目

根据项目发展需要，我每月至少一次到实验基地指导教研工作的开展，对计划制订和方案实施及时进行优化和调整。在这一过程中，我发现，学生对“农耕文化”的理解过于简单。美术与生活融为一体，它存在于生活之中，无法从生活中分离，美术学习应该指向现实生活，而不是仅仅停留在对图像的描摹上。因此，我们专门邀请了《中国传统农器古今图谱》的作者潘伟先生做“农耕文化”的专题讲座。

美术教学应以发现、理解、创造“生活美”的目标与理念为基础，而部分教师在教学实践中一味地追求写实和形似，这样的美术教学培养模式存在对美术技法过度依赖、审美培养缺乏等问题。针对存在的问题，我们邀请了广州美术学院陈卫和教授现场指导。

美术教学活动应该将美术与生活相结合，研究学生的兴趣点，寻找教学的切入点，启发学生从日常生活中寻找灵感，利用美术创作为生活增添色彩。在此过程中，学生不仅会对“生活美”有新的理解和感悟，而且会形成其美术创作的基础。美术教师在进行教学评价时，以学生获取经验和成长的过程为依托，用生活的眼光重新审视美术，让学生在生活美学的情境下真正地参与艺术尝试。

在此过程中，我们不断鼓励实验学校的师生参加上级教育行政部门组织的各项艺术展示活动，以展促教、以展促学，促进师生在活动中逐步建立自信，不断得到锻炼和成长。

四、各司其职，形成美育精准发展机制

在发展乡村教育中，教师作为软资源，尤为重要。乡村人口综合素质的提升是乡村振兴的内在关键动力，教师是实现提升的重要因素。学校在推进美育工作时，单纯地依靠美术教师的力量是远远不够的，因此，我们提出“全员美育”的教学策略。为了贯彻实施“全员美育”，我们以美术学科核心素养为导向，开展专项、专题讲座，确保所有教师了解美育，动员全校教职工参

与美育。我们通过“面对面”的培训形式、“实景式”的学习体验，开阔了教师课程开发理论视野，提升了教师对本土美术资源的认知、认同。

在管理机制方面，我们充分为美育教育营造良好的氛围。在奖教、评优评先及外出培训学习等方面向美术教师倾斜。在实验过程中，我们发现，一些学校领导习惯依据个人感受指导或评价师生的创作，这样容易导致美术教师无所适从。在项目实施的整个过程中，各位教师要认识到，美术教育不仅是技能技巧的训练，还是一种文化学习。通过美术学习，学生了解历史、文学、经济、地理等相关知识。我们采取教研与行政两条线精准发展机制，两者各司其职，共同发力。课堂教学及学生作业评价交给教研部门和专业教师开展，教师的工作量、活动经费投入及教师的绩效考核归行政管理，这样便大大减轻了专业教师的压力，取得了很好的效果。建设一支师德高尚、素质优良、专业扎实的教师队伍，既是提高乡村学校教育质量的基本前提，也是实现乡村教育振兴的关键之举。

五、结束语

清远市美术教研联盟石潭实验基地项目自开展以来，遵循“普及性、多样性、突出性、整体性”的基本原则，践行“德智相依、体艺相辅、文美相融、优特相长”发展理念，遵守“专业引领、同伴互助、交流研讨、共同发展”的宗旨，以教育研究为先导，以课堂教学为主阵地，集科学性、实践性、研究性于一体。在教学过程中，教师队伍示范带动专业发展，引领学生成长，进而提高中小学师生的综合素质。

参考文献

[1] 尹少淳．尹少淳谈美术教育[M]．北京：人民美术出版社，2016.

[2] 钱初熹．迎接视觉文化挑战的美术教育[M]．上海：华东师范大学出版社，2006.

[3] 钱初熹．美术教学理论与方法[M]．北京：高等教育出版社，2005.

[4] 中共中央国务院．中共中央国务院关于实施乡村振兴战略的意见[N]．人民日报，2018-02-05(1).

农村小学民间美术进课堂的实践探索

——以“乡村美育活动”连南乡村美育项目为例

2018年3月，“乡村美育活动”连南乡村美育项目在清远市连南瑶族自治县大麦山镇上洞小学启动。项目组在广东长江公益基金会资助下做了一个三年（2018—2020年）计划组织“乡村美育活动”高校志愿者有计划地支持粤北山区的两所村小学，通过培养乡村学校美育骨干教师，以及艺术支教、乡村夏令营体验式培训、校园美育环境建设等形式，推动非遗文化进校园、民间美术进课堂，带动乡村学校教师艺术教育能力的提升与发展，塑造当地具有艺术教育示范性的学校。一年来，我们以“乡村美育活动”连南乡村美育项目为纽带，在连南上洞小学和油岭小学进行了清远瑶族文化融入农村小学美术教学的实践。2018 年 10 月，“乡村美育活动”连南乡村美育项目组在油岭小学开展夏令营活动的纪录片《瑶乡少年夏令时》以及连南上洞小学夏令营的学生美术作品，参加了在长沙师范学院举办的全国“乡村美育活动”夏令营成果展。同时，《中国文化报》也以“‘乡村美育活动’走进瑶寨在乡村学校师生心里播下艺术的种子”为题进行了报道。清远市教育教学研究院也与“乡村美育活动”连南乡村美育项目组合作，进行了两次有上百人参加的乡村教师培训，推广粤北瑶乡民间美术进课堂的经验。本人作为这个项目的参与者和当地美术教研员，通过跟进实践教学和项目学校调研，认为该项目的实施为偏远农村小学的美术教育教学提供了有益的帮助。

一、从项目学校深思农村小学美术教育教学现状

1. 美术教育的边缘化

在素质教育里，美术教育具有举足轻重的作用不仅表现在陶冶学生情操、提高学生素质等方面，还表现在开发学生智力、促进学生的全面发展方面。然而，一些农村学校的教师和家长未能从素质教育的角度来认识美育的作用，使农村学校美育失衡。长期以来，

受应试教育的影响，有些小学把以美术课为主的艺术课当作一种副课，严重影响了美术教育在农村学生中的开展和发展。通过对连南上洞小学和油岭小学的学生和家长进行问卷调查，我们发现，90% 的学生对美术课的学习兴趣较高，而 95% 的学生家长认为美术学不学无所谓，而且认为开设美术课对主科课程有影响。对于美术课程教学，无论是美术鉴赏还是美术实践，都需要师生的共同参与和良好互动才能收到良好的教学效果，但从学校到教师以及家长对美术课的偏见和忽视，导致美术课程在农村小学的开课率远低于城市学校，教育教学效果也不理想。

2. 美术教师资源匮乏

农村学校生源分散且教师编制很少，因此，连南瑶族自治县大多数农村小学没有专业的美术教师，基本是由语文、数学教师兼任，试点学校几乎都是一个教师带一个班，不仅包揽语文、数学、英语、美术等课程教学，还要当班主任，管理班级。这些教师普遍未受过专业化、系统化的教育和培训，对音乐、美术专业知识知之甚少，仅凭自身的粗浅功底教学，课堂教学效果较差，对学生的美术鉴赏能力、技能和素养的培养大多处于空白状态，使学生无法进入美妙的艺术殿堂。

3. 美术教育硬件落后

两所试点学校都没有固定的美术教学活动室，且美术教学需要的水彩笔、毛笔、墨汁、颜料、油画棒、素描纸等基本绘画材料也无法得到保障。我们在这两所学校也看不到多媒体等现代化的教学设备，因而现代化的教育教学也无法开展，这极大地影响了农村小学美术教育教学的正常开展。

农村小学美术教育虽有以上的不足，但也有其优势。具有当地特色的瑶族刺绣、腰鼓等传统技艺从材料、手艺到成品都是学生喜闻乐见的，教师可以结合这些资源因地制宜地开展一些具有地方美育特色的美术课程，给美术课堂教学带来了生机，充分调动了学生学习美术的兴趣。

二、连南瑶族文化和美术教育的关联性

1. 连南瑶族文化的传承和发展现状

瑶族文化是清远宝贵的文化资源，是清远得天独厚的文化优势，如瑶族长鼓舞、瑶族篝火晚会、瑶族婚俗、瑶族刺绣等都是瑶族文化中的精品。目前，

连南瑶族自治县作为全国最大、最古老的排瑶聚居地，正在努力抓好瑶族文化遗产挖掘、保护和传承工作：组织专业人员编写《瑶族刺绣》《瑶族长鼓舞》等教材，逐步将瑶族文化艺术内容融入学校课程，在各层次学校分阶段把学唱瑶歌、学跳长鼓舞、学刺绣及学习瑶族历史文化艺术列入教学计划和教学任务；完善瑶族文化艺术传承体系，推动瑶族文化进一步发展。

2. 美术课堂教学在传承本土优秀传统文化方面的作用

我国优秀的传统民间美术充分表达了各民族的风俗、观念以及情感，是一个重要的美术资源。美术教师在课堂上应合理利用这一美术资源，让学生学习并传承我国优秀的传统文化。在美术教育教学上，美术教师可以把优秀的本土传统文化编入学校的美术校本课程，尤其是在小学的美术教育教学中，本土优秀传统文化在积极地影响着小学生的智商、情商以及思维。更重要的一点是，小学生的思维还处在初级阶段，他们对于知识的渴求极为强烈。在小学阶段对他们进行本土优秀传统文化知识的渗透，有利于他们在潜移默化中了解、学习并传承本土传统文化。

总之，我们在美术课堂上合理利用本土优秀传统文化资源，是开展学校美育工作的重要途径，是提高学校美术教育教学实效性的重要举措，美术课堂也为优秀传统文化的传播和延续提供了良好的平台。

三、“寻、集、习”——将瑶族文化融入美术课堂

传统民间工艺不仅是百姓生活的艺术写照，更是中华优秀传统文化传承的重要载体。在瑶族地区林林总总的传统民间工艺里，瑶族刺绣、瑶族长鼓、剪纸、泥塑是值得每一位瑶族人引以为骄傲和自豪的文化符号。为了从中挖掘富有地方特色且与美术元素密切相关的教学要素，全面推进地方传统文化进校园和以课堂教学、课外活动和校园美育环境创设“三位一体”的美育教学目标，探索地方传统文化进校园的有效途径，我们通过“乡村美育活动”连南乡村美育项目在学校开展“寻、集、习”系列活动。

1. 寻访老艺人——树立文化传承自信

在“寻访老艺人”活动中，我们

选取了具有地方特色的瑶族刺绣和瑶族长鼓两大传统民间工艺进行实践探索，通过“三步走”的方式进行。

第一步，通过寻访瑶族刺绣、瑶族长鼓制作的老艺人，全面详尽地了解传统民间工艺的科学价值、实用价值和艺术价值。在寻访老艺人的过程中，我们认识到连南瑶族自治县的瑶族服饰刺绣是该县瑶族妇女所特有的传统手艺，它的特点是构图巧妙、色彩夺目、图案精美，呈现出一种非常浓郁的民族特色。瑶族的刺绣不打板、不打图，反面绣正面看，在刺绣的学习上，世代以口述手传的方式进行。瑶族刺绣以瑶族人民的生活和爱情为主要内容，反映了人们对美好生活的向往和追求，它既是瑶族优秀传统文化的一种载体，也是瑶族优秀传统文化的灵魂。瑶族长鼓是瑶族的一种民族乐器，其造型独特，外观精美，并在两端鼓面周围用绿色油漆图案进行装饰，极具民族风味。瑶族长鼓既是民间乐器，又是一件精美的工艺美术品。寻访老艺人后，我们根据所访内容生成了主题活动。

第二步，对前段工作获得的相关信息进行梳理和总结，从而提炼出与课堂教学活动相关的元素，整合成课堂教学设计，使我们的瑶族文化走进校园课堂，为师生播下瑶族文化的种子，为它生根、发芽、开花、结果打下坚实的基础。

第三步，带领学生再次深入村寨。志愿者与种子教师参与组织、拓展，让学生在合作探究中学习、体验和感受瑶族民间艺术，将“寻访老艺人”活动进行深化和延伸，我们通过此方式引导瑶族孩子去关注村里的民间艺人，深入了解瑶乡文化，发现当地优秀的传统技艺之美，促进学生对于本土文化的热爱，增强其文化认同感。

2. 收集老物件——挖掘文化传承主动性

在连南瑶族的古来村落，上千年的泥瓦式民居土屋、手工刺绣嫁衣、瑶族头饰、手工生活用品、劳动工具在家家户户都留下了深刻而古老的记忆，体现了老一辈人的时代精神。我们通过调研探访、分组学习的合作模式，开展“收集老物件”活动，收集那些有温度、有情感、有记忆、有故事的老物件。各小组根据“老物件登记卡”进行信息采集，小组成员分工合作，分别负责访问、丈量尺寸、速写速记，最后将采集到的信息和了解到的故事进行展示、分享与交流。我们通过活动式教学，学生化被动听讲为主动参与，积极询问、仔细观察、小心触摸、认真记录与描绘，在活动中延续了瑶族文化的故事与记忆，体验到身边老物件的文化气息和瑶族文化的辉煌成就；种子教师与志愿者齐心协力，积极学习，将民间艺术有效地转化为课堂教学内容的方法，带领学生走近民间美术，认知本土文化，激发师生的文化传承主动性，成功探索出了乡村学校美育的方法和途径。

3. 学习老手艺——体验文化传承之美

在古代，由于生产与生活的需要，传统手工艺相对发达，很多日常用品都需要这些传统手工艺来完成，所以手工技艺也是特定时代的代表。在“乡村美育活动”连南乡村美育项目中，志愿者走访乡村瑶寨，随处可见流传至今的老手艺，如 2 米多长的腰形长鼓，独具民族特色的瑶族服饰，具有瑶族风味的竹编、草编，精美的瑶族刺绣以及瑶族太阳伞，等等。这些都是承载历史的技艺，是传统文化的传承。为此，我们组织师生共同到老艺人家中学习老手艺，如学习葫芦竹编、粽叶蓑衣等。竹编是瑶族地区的传统手工艺，用竹丝篾片的挑压交织编织出各种形态的工艺品，它是一门技术，也是一门艺术。一件竹艺编织品需要经过构思、制模、选竹、劈篾、编织以及上色等一系列制作流程，最终普普通通的竹子在老艺人手中成了一件件精美的工艺品。在学习过程中，师生在老艺人的指导下体验老器物的用途，观察它们的造型、材料、质感，观摩竹编的制作过程，了解学习制作的方法；通过看、听、摸的多维度体验，师生用绘画的方式将心中的老物件以及老物件背后的故事描绘出来；我们通过结合当地传统技艺文化的实践教学，培养了学生学习和传承优秀传统文化的兴趣，增强了学生传承本民族文化的责任心和使命感，让学生感受到不一样的美术授课方式，使其保持对于美术课的新鲜感，培养了学生对民间美术作品的鉴赏和实践能力。

从寻访村寨民间老艺人，到收集具有代表性的日常生活老物件，再到最后的体验学习老手艺，我们将连南瑶族传统文化真正融入师生寻找美、学习美、传承美的连续性的课程活动中去，使学生感受到美术课的趣味性，培养了学生独立思考的能力，增强了学生对本民族优秀传统文化的了解和认同；使教师在与志愿者的互动中发现美术教学新的空间，不断提升自身的教学能力，真正做到将美术学习融入瑶族文化生活，将民族艺术带入美术课程，推动农村学校美术教育不断绽放光彩。

“乡村美育活动”连南乡村美育项目，从寻访、集物到习艺所做的一系列设计，为农村学校民间美术进课堂提供了基本模式。

参考文献

[1] 光同敏．沙雅县农村小学美术教育现状调查及原因分析[J]．大众文艺，2014(18)：244-246.

[2] 佚名．清远市连南瑶族自治县重视民族传统文化传承与发展[J]．中国民族，2014(9)：79.

[3] 罗萍．浅谈农村小学美术教育现状[A]//．中华教育理论与实践

科研论文成果选编（第八卷）［C］//. 北京：北京燕山出版社，2014.
［4］郭馨阳 . 小学美术课堂小组合作学习的组织及实施［J］. 美术教育研究，2017（10）：139，141.
［5］孙成香 . 传统文化教育进校园的尝试与感悟［J］. 中国农村教育，2018（16）：44-45.

下篇

让美育走进每个孩子心里

生命礼赞

——黄伟明艺术作品展

图1　黄伟明生活照

作品赏析：

我喜欢画昆虫。自从读了法布尔的《昆虫记》后，我的绘画主题就变成了昆虫，十几年如一日。我可以使笔下的虫子画面占比巨大、灿烂而美丽。

——《生命礼赞》黄伟明

图 2　油画《荷塘月色》
（作品尺寸：60cm × 20cm
创作年份：2019 年）

图 3　油画《荷韵》
（作品尺寸：60cm × 20cm
创作年份：2019 年）

我常常遐想，如果自己是一只小昆虫的话，会是怎样？不可能单单吃饱就算，应该还有一些别的想法吧。在世人看来，昆虫是一只微不足道的小生物，其实不然，昆虫也有自己的世界，在它的眼里，它就是自己的全世界。

——《生命礼赞》黄伟明

图4　油画《盛放》

（作品尺寸：100cm × 120cm

创作年份：2018 年）

将一些微小的生物放大的话，会有很有趣的发现。人类社会何尝不是如此，每一个个体于芸芸众生，也只是微小的存在。

——《生命礼赞》黄伟明

图 5　油画《忆江南 · 花丛中》

（作品尺寸：200cm × 200cm

创作年份：2016 年）

我小时候爱画画，家里人给买了一本画册，没想到起了巨大的反作用！那是一本工笔人物画，特别漂亮，又勾线又染色，但对当时的我而言确实太难了，积极性被全部灭掉，索性再也不画了。

——《生命礼赞》黄伟明

图 6　油画《忆江南·遇见蒙德里安》

（作品尺寸：200cm × 200cm

创作年份：2016 年）

图 7　油画《展翅高飞》
（作品尺寸：20cm × 60cm
创作年份：2017 年）

直到遇到初三的美术老师，他讲述的各种美术故事、美术历史，为我打开了新世界，原来美术这么好玩，还可以探索未知的天地！我豁然开朗，从此与艺术结下了不解之缘。

——《生命礼赞》黄伟明

图 8　油画《展翅高飞》

（作品尺寸：200cm × 200cm

创作年份：2015 年）

螳螂拳、大红花被，在我的童年记忆里总是挥之不去。打架，几乎成了当时农村孩子的必修课，个子矮小的孩子成了被欺负的对象，如此螳螂拳就成了我们梦想中改变生存状态的寄托。大红花被则是我们冬天必须出现的“小伙伴”，钻入被窝就可以忘掉所有的苦痛和烦恼。因此，螳螂与大红花被就成了我画面中的符号。

——《生命礼赞》黄伟明

图9　油画《歌》

（作品尺寸：80cm × 100cm

创作年份：2007 年

获广东省首届美术慈善创作大赛优秀奖）

图 10　油画《觅》
（作品尺寸：80cm × 100cm
创作年份：2007 年）

生存状态是我们一直关注的话题，螳螂，是否也在关注同样的问题？它们所面对的花是自然界的花，还是花被上的花？它的祖先是蟑螂吗？它们在未来会变成恐龙吗？这一切的一切都不得而知。

——《生命礼赞》黄伟明

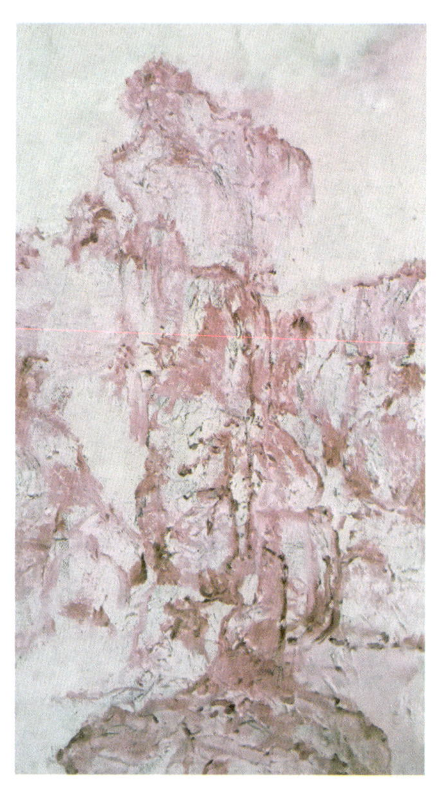

图 11　油画《梦里溪山》
（作品尺寸：60cm × 30cm
创作年份：2017 年）

图 12　油画《鱼》
（作品尺寸：40cm × 40cm
创作年份：2002 年）

螳螂是一种特别的昆虫，它可以“挡车”，成语“螳臂当车”，除了成语词典解释的意义之外，我们还可以理解为敢于担当。不是吗？它们为了繁衍下一代连生命都可以丢掉。我们总是喜欢探索事物的本真，可表象所呈现的状态又是云雾迷蒙。或许，这就是螳螂的现实。

——《生命礼赞》黄伟明

寻找一种叙事性的表达，如螳螂的前世今生及来生，都在我的画面关注范畴内，我试图消解画面中的绘画性，更多的是一种图像的表达。

——《生命礼赞》黄伟明

图 13　油画《振兴计划之一》
（作品尺寸：150cm × 80cm）

图 14　油画《振兴计划之二》
（作品尺寸：150cm × 80cm）

图 15　油画《振兴计划之三》
（作品尺寸：150cm × 70cm）

图 16　油画《振兴计划之四》
（作品尺寸：150cm × 70cm）

图 17　油画《振兴计划之五》
（作品尺寸：150cm × 70cm）

图 18　油画《振兴计划之六》
（作品尺寸：150cm × 70cm）

以艺术铭记历史，用丹青绘就时代

——美术课中历史人物的“印象”

“优秀传统文化进校园是固本工程、铸魂工程、打底色的工程。”因此，将优秀传统文化融入美术课，美术教师责无旁贷。如何将地方传统文化融入美术课程教学，在通识性美术教育的基础上，宣传和继承地方传统文化，是我们应该探索的课题。

一、地方美术资源开发的意义

美术教育作为学校德育工作的主要手段，有着得天独厚的先天优势；美术课程作为美育工作的主要载体，可以通过融合地方传统美术资源和人文历史、自然等相近学科，宣扬和传播地方传统文化，培养学生传承本土文化的本领，有效增强学生对国家和民族的责任感与自豪感。因此，开发具有清远本土特色的美术资源，并将其有机融入现有的美术课程，是清远美术教育工作者亟待研究探索的重要课题。

二、清远地方美术资源范围及界定

清远市位于广东省中北部，其东部与韶关毗邻，北部与湖南郴州、永州接壤，西部与广西贺州及肇庆相连，南部与广州、佛山为邻。自古以来，清远境内的阳山关、骑田岭等古关道作为岭南与北方联系的重要通道，为南北交流提供了通路；作为中原和荆楚文化南下的必经之地，成为岭南文化酝酿、形成和发育的重要地带，同时形成了“南北交流通津、古今文化天桥”的北江文化，其美术资源主要可以分为以下四个方面。

1. 地域文化

清远的历史文化悠久。首先，农耕文明的发展有清远之力。清远是人类农耕文明的发祥地，英德市牛栏洞遗址发现的稻谷“化石”，将中国的稻耕文明时间推前至迄今1万年左右，指向世界农耕文明的源头。其次，岭南文化的发展也有清远之功。历史上，北江是联通中原文化和岭南文化的丝绸之路，北江文化是珠江文化的源头，历史上清远曾经是岭南文化的中心。

2. 自然风景

有代表性的自然风景是“清远新八景”，分别是清新温泉、飞霞烟雨（飞霞山—飞霞洞）、千年古寺（飞来寺）、宝晶琼蕾（宝晶宫）、地下银河（连州地下河）、一峰彤云（广东第一峰）、古寨瑶排、英西峰林。

3. 文化遗迹

有代表性的文化遗迹有道教七十二福地之二福地——第十九福地和第四十九福地；连南瑶族自治县的千年瑶寨，有“中国瑶族第一寨”的美称；至今已有1500多年历史的连州市慧光塔，被誉为“东方斜塔”；连州龙腹陂被初步认定为珠江水系最早的水利工程；位于清远市区的金鸡岩，历代文化名人在此留下了诸多诗文和题刻。

4. 历史名人

有代表性的历史名人有“唐宋八大家”中的韩愈、苏东坡，“诗豪”刘禹锡，“宋代四大书法家”中的米芾等，都曾在清远任职或结缘清远，并留下了大量诗词歌赋。韩愈的《燕喜亭记》是作者为当时贬任连州司户参军王弘中所建的山亭而写的一篇亭台楼记。苏东坡的《峡山寺》中记载：“天开清远峡，地转凝碧湾”这些名篇、名句流传至今，广为传诵。此外，相传别号“清远道人”的戏曲家汤显祖，为写作《牡丹亭》专程来到清远飞来寺做了一名挂名道士。

美术资源种类多样，其功能、形态各异，而且同文、史、地等学科相互交叉、相互影响，因此，我们应根据美术课程的需要，筛选出有价值及有代表性、可塑性的地方美术资源，形成校本教材；同时，地方美术资源筛选应遵循教育教学规律，从激发学生的学习兴趣入手，符合当前清远社会科学发展方向，适应现有美术教师的教学水平。因此，我们从清远地区历史名人资源入手，并以广东省英德市浛洸镇的英西中学为试点学校，开展具有清远地方特色的“99+1”美术课程教学方法的探索与实践。

三、清远地方美术资源应用于高中美术教学

结合我和学生最近的艺术创作《99个孩子笔下有99个“米芾”——记“九十九加一”印象历史人物创作》，我们进行了“99+1”美术课程教学方法

的探索与实践，具体做法如下。

1. 发散式课堂准备

以人民美术版美术课本为基本教材，但不限于课本所述，我们要求学生通过查阅文献、网上检索、民间探访等多种形式，初步了解米芾平生的艺术成就、理论观点和不入凡俗的个性，特别是其同清远的交集，以及对清远英石“藏石赏石”相石法的重要贡献。

2. “一站式”课堂教学

“一站式”课堂教学是通过一节课讲授一个主题，完成一个活动，形成一篇总结。具体内容如下：

一节课：安排一节课的教学，以学生为主体、以教师为引导。

一个主题：你心目中的米芾形象。

一个活动：先随机选择 1 名同学，读教师课前准备的介绍米芾的 PPT，让大家了解米芾的生平以及他在清远的活动。随后将99名学生分成10组，每组3分钟，轮流到台上的大画布上作画。画布上事先分成两个区域，教师画的区域先遮挡起来，要求学生在作画时不带橡皮，不要参考已有的图片资料，表现形式不限，画出自己心中的米芾。

一篇总结：每个学生按照各自的理解和画作，总结出米芾画作的特点和自己的课堂感受。

3. 渗透式教学效果

“99+1”探索式教学的效果比传统的“教师教，学生学”有明显改善。教师选用了学生相对比较了解的地方资源，大大拉近了教学与现实的距离，加强了学生的学习体验。“九十九加一——印象米芾”这节课的教学，教师转变了传统的教学观念，发挥了学生的主观能动性，既关注了美术表现，又强调了文化理解；横跨历史、语文、美术等多学科的课堂形式，对美术教师的综合素养提出了新的要求；使美术课贴近生活，课程内容不再“飘”，热爱本土文化的学生比例有所提高，为以后开发利用和传承清远地方文化资源打下了一个良好的基础。

随着全民素质教育的发展进步、新课程改革的不断推广，课程资源开发与利用的理念深入人心，越来越多的地方人民政府重视并着手地方美术课程资源的开发与利用；同时“互联网 + 教育”技术的突飞猛进，各种先进技术和先进设备给美术教学带来新的活力，加之教学思维不断创新，这些为美术课程资源开发与利用提供了技术保障和开放平台，为美术教育工作者开展地方美育渗透式教学提供了有利条件。

参考文献

［1］史朝晖.谈美术课的美育作用［J］.成才之路，2011（17）：51.

［2］陈先钦.岭南文化视野下的清远地域文化的内涵及特征初探［J］.清远职业技术学院学报，2010（5）：3–6.

［3］雷洪.扬州地方美术课程资源的开发与利用研究：以扬州中学为例［D］.南昌：江西师范大学，2014.

［4］徐永琳.藏族传统文化在新课程改革视野下的开发与利用［J］.甘肃联合大学学报（自然科学版），2013（6）：93–96.

中小学美术教学中融入非遗文化的策略

根据联合国教科文组织的《保护非物质文化遗产公约》定义，非物质文化遗产是指被各群体、团体，有时为个人所视为文化遗产的各种实践、表演、表现形式、知识体系和技能及其有关的工具、实物、工艺品和文化场所。我国的文化遗产是我们的祖先智慧的结晶，它直观地反映了人类社会发展这一重要过程，具有历史的、社会的、科技的、经济的和审美的价值，是我们社会发展不可或缺的物证。因此，保护文化遗产就是保护人类文化的传承，培植社会文化的根基，维护文化的多样性和创造性，保护社会不断向前发展。我国各个群体和团体随着其所处环境、与自然界的相互关系和历史条件的变化，不断使这种代代相传的非物质文化遗产（以下简称“非遗”）得到创新，同时使其具有一种认同感和历史感，从而提升了文化的多样性，激发了人类的创造力。2016年，教育部提出了让优秀传统文化进校园。中小学美术教学中融入非遗文化能够增强学生对传统文化和地方民间艺术的认同感，尤其是在当前的多元文化前提下，让中小学时期的青少年多接触地方传统文化，特别是地方非遗文化，既能够增强青少年的民族自豪感，也能够培养青少年的家国情怀。

曾经有人提出，非遗的传承就是

技能的传承，是让一些即将失传的技艺、艺术表演形式得以延续和传承。而现实中这些需要保护和传承的项目往往由于工业化的发展又或者是审美取向的变化而显得“不合时宜”。我国的文化遗产蕴含着中华民族特有的精神价值、思维方式、想象力，体现了中华民族的生命力和创造力，是民族智慧的结晶。如果我们过于强调对非遗技艺的传承，势必会降低非遗的价值，也会将美术课变成了劳技课。《全日制义务教育美术课程标准（实验稿）》对义务教育阶段美术课程的性质做出了解释，即“美术课程具有人文性质”，同时明确提出了“美术学习绝不仅仅是一种单纯的技能技巧的训练，而应视为一种文化学习”。因此，非遗文化融入中小学美术课教学，既要让学生了解技术层面，更要大力挖掘人文层面的文化内涵，从而让学生更深入地体会非遗带给他们的乐趣和感悟。中小学美术教学融入非遗文化的具体策略有以下几种。

一、“道听途说”，让学生走近非遗

美术教育是一种文化学习，通过美术学习，让学生了解不同的历史、文化、经济、地理等相关知识，从而帮助学生更好地认识社会。受过美术教育的人与没有受过美术教育的人在洞察力上有明显的差异，艺术经验有限的人往往难以看清或理解大局。

连南上洞小学和油岭小学由教师带着学生走进老艺人的家，让学生感知非遗、走近非遗。当学生拿着本子认真地听“鼓王”讲述长鼓的制作工序时，有一些学生就开始关注长鼓的制作过程、制作工具、所需材料，更多的学生迫不及待地想听听长鼓发出的美妙声音。后来，在教师和学生的邀请下，“鼓王”表演了长鼓舞。

美术教育应加强参与社会实践的作用，让学生投入实地考察中，让学生亲眼见证传承人是如何塑造一个个艺术作品的，领悟到其中的精神。师生走进“鼓王”“绣娘”的家，聆听非遗传承人讲述他们学艺的历程、与非遗有关的瑶族故事和民间传说，并现场观看了传承人的表演。当地每年农历十月十六都会举办全民参与的瑶族盘王节，连州市保安镇每逢重阳节都会举行隆重的大神盛会，俗称“抬大神”，活动当天人山人海，学生在参与活动的过程中认识非遗、走近非遗，感受地方文化的魅力。教师通过引导，让学生找到非遗与自己的文化、家乡和课堂中讨论的思想的关系，可以教会他们如何创作有深度的美术作品，既可以增强他们的民族认同感，又可以进一步增加他们的文化自信。当然，教师在将非遗文化融入美术教学时，一定要以一种扬弃的态度去实施，让学生在传承文化的同时不丧失批判性思维，既要启思导疑，又要培养学生的批判精神。

二、身临其境，让学生感受非遗

美术教育从身边出发，发掘本土资源，显得更实在，更贴近学生的生活，具有现实的教育意义。开发和利用地方文化资源，尤其是优秀传统文化，能让学生与祖祖辈辈耕耘于这块土地上的父老乡亲对话，共同感受生命的快乐与痛苦，从中领悟生命的意义与价值。

每年的端午节前后，清远市清新区山塘镇都会举办燕尾龙舟赛，而“三人燕尾龙舟”是广东省首批非遗项目。一般的龙舟赛都有10多名运动员，而“三人燕尾龙舟”只有3名运动员，这3个人又多以家庭的形式参赛，如父子三人或叔侄三人组成一队参赛。该活动早期是由群众自发组织的，由于群众参与面广，近年来得到了地方人民政府的重视。当地的某些中学生更是参与其中，身临其境地感受燕尾龙舟赛，感受其中的氛围。学生体验了赛龙舟和观龙舟的乐趣，同时体会到团结协作、力争上游的龙舟精神，在创作“三人燕尾龙舟”系列作品时，就会给作品赋以更多的真实感，并融入更多的情感。尹少淳老师认为，实施美育的途径是多样的，但既符合美育特征又较有成效的是“体验”。所谓体验，需要进入情境，调动各种感官，与对象互动，唤起深度情感，形成共情，从而获得审美享受。连南上洞小学和油岭小学的做法是，把瑶绣传承人请到学校，让传承人手把手地教学生绣瑶绣。英德市英西中学则是把英石盆景制作传承人请进课堂，传授英石盆景制作技艺。这一做法暗合了库珀的体验式学习。该体验式学习包括具体经验、反思性观察、抽象理解、主动实验等学习方式。

三、“美美”与共，让非遗融入美术

很多学校将非遗引入学校，只是

让学生学习其中的技艺，或者简单地让学生描摹非遗活动中的某些场景，这往往会让学生觉得美术教学离生活太远、无趣，进而产生厌学情绪。英西中学在上英石盆景技艺课的时候将作品的呈现形式做了改变，直接将英石黏到白色的瓷碟上，添上颜色，形成一幅山水画。这就要求教师在传授英石盆景技艺的同时，还应兼顾中国画的知识讲授。美术知识的浸润，换言之是用英石这种材料让学生感受中国画的魅力，让学生在制作时既能体验到非遗传承的乐趣，感受非遗之美，又能在这节“另类”的美术课中学到更多的美术知识。学生在创作中以小见大，既能体验一石一草的秀美，又能感受大好河山的壮美。在高中的美术鉴赏课中，课程内容加以拓展，使学生体会到米芾总结的中国十大名石之一的英石的“瘦、皱、漏、透”之美，使学生的美术素养在这种好玩的活动中得到了提升。教师在进行美术课堂教学时，要选择合适的非遗项目、恰当的切入点来突出地方文化色彩，引导学生在相关的文化情境中学习美术，参与地方文化的传承与交流，帮助学生更好地了解艺术与社会、历史、文化的关系。

运用美术形式传递情感和思想是整个人类历史中的一种重要文化行为，共享人类社会的文化资源、参与文化的传承是培养受教育者人文精神的途径之一。清新区石潭二中的做法是，用景泰蓝的工艺方法做成平面的装饰画，其内容融入了本土的民间传说，如“凤城传说”“中宿之谜”等，结合地方文化特色，对教材中的教学内容进行因地制宜的选择、挖掘和加工，使之更有利于学生的全面发展，更有利于充分利用和开发本地区、本民族的文化艺术教育资源，拓展美术教育的空间，提高美术教学的质量，同时，此做法还可以使学生在学习非遗工艺时增进对地方文化的了解，加深学生对传统历史文化的认识、了解，学生形成关注、尊重、热爱地方传统文化的情感。

四、浑然一体，让学生亲近非遗

心理学家认为，审美是个人需求之一，也是人类自我实现的需求之一。杜威说：“生活即教育。”因此，学生的生活环境自然就成为实施教育的重要抓手，把非遗融入教育的环境创设，让非遗“物质”化，成为更多看得见的东西，也就是我们通常说的校园文化，让环境说话，让学生亲近非遗。例如，连南上洞小学创设了瑶绣工坊，用植物拓印、手绘等方法在学校的围墙上呈现瑶绣；油岭小学打造乡村瑶族博物馆；英西中学则将英石盆景放置在校园的每一个角落；石潭镇南楼小学将学生的木刻作品悬挂在教学楼展示区。这样的校园文化建设既便于非遗文化的传播，又可以作为美化环境及创设校园文化浓墨重彩的一笔。环境的创设对学生审美能力的培养起到了潜移默化的作用。在将非遗文化引入学校教学时，我们要防止为创“特色”而开设的“特色”课程，如有一些学校开展的所谓“特色”项目，勉强将一些非遗项目引进校园，但其根本就是牵强附会，学校根本就不具备开设该项目的条件，最终只会成为花架子，走过场而已。美术教育是美育的重要组成部分，美育重在“育”，它比空洞的说教更实在，学生会在这个美的环境中认识美、感受美，进而产生创作美的冲动。更重要的是，学生会在这样的环境以及日积月累的养成中得到美的熏陶。学生在融入非遗文化的情境中学习美术，参与地方文化的传承与交流，能够更好地了解艺术与社会、历史、文化的关系。

徐冰认为，艺术教育留给学习者的应该是人的质量的提升。在教与学的过程中，通过对每一件作品细微处的体会，通过交换对点滴小事的感受，我们从一个粗糙的人变为一个精致的人，一个训练有素、懂得工作方法的人，一个懂得在整体与局部的关系中明察秋毫的人。学生也由此具备了一种从事任何领域的工作都必须具备的素质，一种透视、容纳、消化各类文化现象的能力，最终解决的是一个人的水平提高问题。我以为，学习和传承非遗不是我们的终极目的，重要的是让学生通过对非遗融入美术课的学习更深入地认识美，尤其是质朴之美、匠心之美，更重要的是文化的传承及对工匠精神的弘扬。我们通过将非遗融入美术课，我们可以让美术课的内容更加丰富，更接地气，更好地实现文化自信。正如某位学者所言：家国情怀不一定都是宏大叙事，反倒可能是生活细节的总和。我想，美术教育也是如此。

参考文献

[1] 帕克斯,赛斯卡.美术教学指南[M].郭家麟，孙润凯，译.长沙：湖南美术出版社，2015.

[2] 吴非.课堂上究竟发生了什么[M].北京：中国人民大学出版社，2015.

跋涉在均衡教育之路上

——广东省清远市美术教研员

黄伟明老师访谈

受访者：黄伟明

采访者：崔卫

采访时间：2021 年 9 月

图 1　黄伟明

崔卫（以下简称“崔”）：黄老师，您好！非常感谢您接受本刊的采访。

黄伟明（以下简称“黄”）：崔老师，您好！能接受您和《中国美术教育》的专访，我深感荣幸。

崔：请您先结合自己的学习、工作等情况介绍一下自己的成长经历。

黄：好的。1993年我师范毕业后被学校保送去读大学，1995年在韶关教育学院毕业后成为英德市英西中学第一位美术教师。在此之前，学校没有美术教师，也没有美术专业的特长生。11年后我以副校长之职离开时，把这所学校打造成了广东小有名气的特色中学。

英德市英西中学地处粤北山区的浛洸镇，学校曾经一度面临招生困难的局面。我到该校工作那一年，一个年级只有4个班，学校高考成绩不太理想。为了给对美术有兴趣的学生找到一条升学的道路，我便想发挥自己的专长，开展美术特色教育。当我将这一想法告诉学校领导后，他们非常支持，于是清远首个中学美术特长班（以下简称“美术班”）就在英西中学诞生了。首届美术班只有6名学生，第二届增加到11名学生，此后逐年增加，从2006年我离开学校至今一直保持2~3个美术班的规模。2000—2006年，还有不少来自全省各地乃至省外的学生慕名前来求学，英西中学就这样发展成为一所在广东省颇有影响的美术特色中学。在相当长的一段时间里，该校都是全省美术联考成绩较好的中学之一，我的学生在广东省的美术联考中多次取得速写、色彩、创作第一名的好成绩。

通过美术特长教育，一批又一批学生得以进入高校深造，学校因此声名鹊起。当然，我个人也得到了回报，2004 年被任命为分管教学的副校长，2006 年被调到清远市田家炳实验中学任美术教师、教研室副主任。

在完成学校的教学任务之余，我还通过学历提升和专业能力提升不断充实自己，先后在华南师范大学、北京师范大学、广州美术学院、中央美术学院进修学习。同时，我还坚持美术创作和教学研究，先后有多幅创作作品和多项研究成果在《中国油画》《艺术界》《油画》《中国中小学美术》《广州日报》《清远日报》《中国教育研究》等报刊上发表。作品《包装之后》2002 年在广东省第二届油画艺术展中展出，作品《歌》2008 年参加“广东省首届美术慈善创作大赛”并荣获优秀奖，作品《捕蝉》2014 年入选广东省第五届当代油画艺术展。2016 年，在清远市文联的资助下，我的《黄伟明美术作品集》出版了。2018 年，广东高等教育出版社出版了由我主编的《静物素描教学参考》。我在 2004 年被评为广东省南粤优秀教师，在 2016 年被评选为广东省新一轮“百千万人才培养工程”名教师培养对象，在 2017 年被评选为“广东省首批美术后备人才培养对象”，在 2018 年被评为广东省名师工作室主持人。2021 年我被评为广东省基础教育小学美术教研基地主持人，并受聘担任广东省中小学教师发展中心兼职教授、广东省乡村美育研究中心主任。

崔：从 20 世纪末开始，“美术高考热”持续升温，美术考生人数不断攀升，但大部分考生仅注重美术技能训练，不重视人文和科学素养的发展，也忽视了对美术历史和理论知识的学习。您对这一现象有什么看法？有没有采取什么举措？

黄：这种现象确实存在。在美术班成立的前几年，我的学生中就有美术天赋很高却因为语文、数学、英语等科目考试成绩不理想没法进入高校深造的，这很令人惋惜。这一现象还引发了我对另外两个问题的思考：我们的学生是不是考上大学就行了？他们今后的路应该怎样走？

为此，我开始更多地关注学生的终身成长。从2002年起，我开始进行课程改革。

课程改革首先从美术班的教学入手。我严格禁止学生在自习课上画画，而让其将时间用于语文、数学、英语等学科的学习，“逼”着学生和美术教师一起提高美术课堂的教学效率。

当时，各科教师都爱争夺学生的时间，觉得“灌”得越多越好。我认为，教师应该研究如何提高课堂效率，根据每个学生的情况解决问题，少做一些无用功。我的每节课都很有针对性，针对每一个学生设计教学，对每个学生的问题出在哪里都分析透彻，并告诉学生这节课应该解决什么问题，如果回去之后问题还不能解决，再回来找我。这对我来说其实是一种挑战，逼着我去研究教学中更具体的问题。

此外，我在基础课程方面也做了调整，不再是高考要求做什么就做什么，而是加入美术基础理论和知识，让学生知其然更知其所以然，更深入地理解美术。

对于参加普通高考的学生，我也在思考应该给他们怎样的审美教育。2004年，作为主管教学的副校长，我顶着“浪费高考时间”的压力，在全校开启了“文澜大讲堂”，每周末拿出几个小时的时间进行美术鉴赏讲座，给学生讲唐三彩、宋代工笔画、瓷器、元明清文人画，讲西方的文艺复兴、新古典主义、印象派、立体派，讲美在哪里、如何欣赏，等等，一个专题又一个专题地讲。这些讲座极受学生欢迎，教室坐不下了，我就将讲座开到了演奏厅，每次来听讲座的学生都超过200人。

虽然在十几年后的今天，还有学生专门来告诉我，当年学的很多数理化知识都忘了，美术鉴赏课教的如何欣赏美却没忘，但是在当时，这样的做法还是冒了不少风险的。

这一系列的操作取得了很好的效果，这是我进行美术学科教改的第一次试水，也为我 2012 年之后做美术教研员打下了坚实基础。

崔：对您来说，从一线教师和学校管理者到教研员，是一个不小的转变，面临的是一个全新的领域。请您先介绍一下清远的基础美术教育状况吧。

黄：我刚担任美术教研员的时候，清远市大部分学校对美术教育都不够重视，领导将美术学科定位为“小三门”之一，对美术在美育和整个教育中的作用缺乏认知；美术教师的教育观念和教学方法比较陈旧，他们不理解新课程理念，对如何培育学生的学科思维和审美素养也缺乏思考，很多教师的教学仍停留在传授知识的层次。因此，除了少数美术特色学校，清远市美术教育的整体状况不太理想。

近几年来，清远市的美术教育有了较快的发展，尤其是高中和小学阶段。高中学校师资力量比较雄厚，不过，教师的大部分精力都用在特长生的辅导上。小学阶段，学校对美术学科比较重视，但也遇到一些困难，如普遍存在城市学校场地紧缺、农村学校师资不足的问题。据统计，2019—2020 年度，清远市共有普通中小学校 529 所，在校学生 605 134 人，应配备专职美术教师 5 206 人，实际配备 2 150 人，配备率只有 41%。由于集约化教学以及教师个人意愿的原因，能够配备专业美术教师的学校主要集中在市中心区和各县(市)的城区；乡镇一级的初中和小学专业美术教师缺口普遍较大，仅有的美术教师中，还有很大一部分需要兼顾其他学科的教学或者完成学校的其他工作。因此，近年来，我们通过加强美术教师专业素养和教学能力培训、成立清远市美术教研联盟、实施全科美育实验项目等方式，着力解决清远市基础美术教育遇到的一些现实问题。

崔：刚刚您提到成立了美术教研联盟，我也有所耳闻。您能详细介绍一下吗？

黄：好的。我于2012年担任清远市美术教研员后，多次到一些乡村学校进行美术教研、调研，发现很多乡村学校美术师资力量薄弱。以清新区石潭镇为例，该镇共有初中3所、小学15所、教学点7个，这些学校位于偏远山区，交通不便，信息闭塞，经济发展缓慢，家长观念陈旧，学生辍学现象非常严重，大多数小学和教学点都没有专职美术教师，美术教育的发展受到很大制约，不少学生从未上过正式的美术课。

为了改变清远美术教育状况，2015年，在市教育局以及有关部门的大力支持下，我牵头成立了清远市美术教研联盟，在石潭镇建立了实验基地。石潭镇实验基地的各学校从刚开始摸着石头过河，到走出去学习参观，然后采取“走出去，引进来，再走出去”的方式开展农村美育实验。几年来，各学校在上级部门的关心和支持下，开展了以“农耕记忆”为主题的“美育花开”系列活动。这一系列活动主要以传承“农耕文化”为内容，以建立学生文化自信为目的，使学生“望得见山，看得见水，记得住乡愁”。这些学校以人为本、实事求是，深入剖析自身条件，努力开发第二课堂校本课程，充分发掘学生特长，搭建学生施展才华的舞台，尤其是美术学科，学生在第二课堂中创作出了大量素描、剪纸、手抄报、绘本、手工、绘画、竹壳画、雕塑、石头画、木版画等形式多样的美术作品。不仅如此，经过几年的努力，联盟各学校也取得了令人鼓舞的成果，大部分学校和教学点都利用身边的乡土资源开展了美术教学和社团活动。学生对美术的兴趣浓了，对家乡的感情深了，审美能力和动手能力强了，脸上的笑容多了，学习积极性高了，信心足了，其他各科成绩也提高了；家校关系和谐融洽了，流失的生源又回来了；教师对美术学科的价值的认识清晰了，对专业的自信增强了，对新课程理念的理解深了，教学研究的积极性高了，学校的面貌焕然一新。石潭一中还结合“控流保学”目标，提出了“培优扶特，优特结合”的发展思路。我们在这一系列活动中更坚定了通过美术教育保护、弘扬中华优秀传统文化，保留中华优秀传统文化基因的信心。

崔：教育的关键在于教师。据我了解，石潭镇很多学校教美术课的都不是专职美术教师，这个问题你们是怎么解决的呢？

黄：针对这一难题，我们开展了“全科美育”的实验项目。

为探索促进乡村学校美育健康发展的治本之策，从2019年开始，清远市教育局先后多次深入各县（市、区）农村学校进行调研，特别是总结清远市美术教研联盟石潭镇实验基地建设以及“乡村美育活动”连南乡村美育项目的经验，并广泛倾听县（市、区）教育部门、农村中小学校和科任教师的意见，最后达成共识：在艺术专业师资严重不足的现实条件下，学校要开齐、开足、开好美育课程，唯一也可能是最好的出路就是推进学校艺术教育与其他学科教育的深度融合，即在语文、数学、英语、道德与法治、历史、物理、化学、地理、生物等学科教学中广泛融入音乐、美术、舞蹈等美育元素，从而实现文化课教学与艺术课教学的“双赢”。我们将这种全新的教育教学模式称为“全科美育”，我们通过它寻找美的种子、播撒美的种子、培养美的种子。“全科美育”贯彻“五育并举、融合育人”的思想，在学科教学活动中自觉渗透美育，在课程实施过程中变以往单一的、传统的备课活动为融通的、混合式的跨学科育人新模式；转变育人观念，由传统学科本位转向跨学科复合型的教学思维，打造全科的教师队伍，指向课堂教学行为的改变，切实提高教师全科育人的能力，从而实现全员美育、全科美育、全域美育。

为推动“全科美育”教育教学实验，清远市教育局在各县（市、区）确定了22所“全科美育”实验基地学校，以清新区石潭镇中心小学“全域美育校园”为样板校，启动全市其他19所“全域美育校园”的设计和建设工作，计划在2021年内全部完成。

2020年11月，我们启动了第一期“全科美育”种子教师培训，来自全市中小学各个学科的52名种子教师接受了培训。培训采用线下集中授课与网上远程授课相结合的形式，采取专家听课、评课、导课等方式进行。在培训过程中，种子教师将美育与其他学科教学深度融合的能力以及课程构建和教学设计的能力均得到提升。他们能够结合中小学学科特点，独立完成基于学科的思维导图，掌握手工教学和简笔画教学技能；能够在各种比赛、观摩示范活动中展示“全科美育”课例；能够引领其他教师进行“全科美育”教学设计和课程构建。培训结束后，我们借助种子教师延展辐射“大美效应”，在教研基地负责人的带领下，以基地团队为引领，以“全科美育”项目研究为载体，对学校美育进行指导，聚焦基础教育教学改革中具有普遍性的难点、热点问题，指导教育教学实践，促进教师专业成长。

崔：您在石潭镇的美育工作中取得的重大成果是有目共睹的。您在清远市其他地区所做的美育工作的成功案例能否跟给我们分享一下呢？

黄：那我就谈一谈“乡村美育活动”连南乡村美育项目和2021年度美育浸润行动吧！

从2018年开始，我将连南上洞小学和油岭小学这两所乡村学校作为试点，引入“乡村美育活动”连南乡村美育项目，组织高校志愿者有计划地支持粤北山区这两所农村小学，通过培养乡村学校美育骨干教师，以及艺术支教、乡村夏令营体验式培训、校园美育环境建设等形式，推动民族地区非遗文化进校园、民间美术进课堂，带动乡村学校艺术教育能力的提升，打造当地具有艺术教育示范性的学校。此后的一年中，两所学校的教师带领学生从寻访村寨民间老艺人，到收集具有代表性的日常生活老物件，再到学习、体验老手艺，将连南瑶族传统文化真正融入师生寻找美、学习美、传承美的连续性课程活动中，使学生感受到美术课的趣味性，增强学生对本民族优秀传统文化的了解和认同。教师也在与志愿者的互动中发现了美术教育的新空间，不断地提升自身的教学能力，将优秀的传统民族艺术带入美术课程，推动乡村学校美术教学不断绽放光彩。

2021 年 3 月，为充分利用高校资源发展清远市艺术教学，推动“广清帮扶”等项目顺利开展，我们与华南师范大学开展了“美育浸润行动计划”。经过协商，我们选定了连州市的五所学校为对口帮扶对象，这五所学校分别是连州市第二中学、连州市北山中学、连州市连州镇中心小学、连州镇西城小学、连州市瑶安民族学校。“美育浸润行动计划”依托高校学术资源，与地方教育资源进行嵌入式、浸润式联动，在“美育课程”“校园文化”“社团建设”“师资团队”等方面展开多维度的纵深帮扶，给予对口学校精准的美育定位和落地性指导。该计划通过“寻找美的种子”“播撒美的种子”“培养美的种子”等活动，让美的种子深深扎根于学校的每个角落，使中华民族优秀传统艺术的文化记忆、认同、自觉和社会凝聚功能在校园得以激活，并在行动中充分发挥高校引领地方中小学美育改革发展的重要作用，以及由市属学校延伸辐射产生的“大美效应”，努力构建区域艺术教育的命运共同体与和谐生态圈。

崔：您不仅是一名美术教研员，还是清远市美术家协会主席，这些职务为您引领全市美术教师提高教育教学水平和专业素质提供了不少便利吧？

黄：其实清远市教育学会美术书法专业委员会的工作与教研员的工作基本上是重叠的，很多工作可以一并考虑，所以我就不介绍了。

作为清远市美协主席，我重点说一件事，那就是利用美术家协会的平台开展教师培训，并在此基础上为打造美术教育特色品牌提供助力。

举一个例子，2020 年 11 月 10 日上午，清远市美术家协会在清城区第三幼儿园举行了“水墨校园”和“清远市幼儿园水墨画教学与创作基地”授牌仪式，这标志着该园成为清远市首家公办幼儿园水墨校园和首个幼儿园水墨画教学与创作基地。接下来，清远市美术家协会专家将对该园的教师进行引领和帮助，加强教师培训，提升其水墨画专业技能，定期开展家长水墨画体验课堂，提升家长科学育儿的能力。与此同时，专家还将继续探索符合幼儿兴趣和年龄段的水墨画创作形式，结合“幸福雅育，雅润童心”教育理念，以水墨画为切入点，传承中华优秀传统文化，创设更加雅致的校园环境，让幼儿从小接受雅育、美育熏陶。“水墨校园”统筹整合社会资源，加强美育的社会资源供给，推动基本公共文化服务项目为学校美育服务。可见，有了清远市美术家协会这个平台，就可以调动更多的资源为学校的美术教育服务。

崔：2018年，您成为广东省名师工作室主持人后，是如何开展工作的？

黄：我省的名师工作室是三年一轮，所以，从2018年到现在我已经是第二轮担任广东省名师工作室主持人了。

在工作室的建设上，我提出打造“三师”的发展理念：一是要求工作室成员人人争做“名师”，要起到带头、辐射的作用；二是要求工作室成员人人争做“明师”，要明白美术教师的职责是什么，要做一位明事理、明学理、明画理的教师；三是要求工作室成员人人争做“鸣师”，要有自己的教学主张，要发出属于自己的声音。同时，我还提出工作室成员发展的“三能”标准，即能为人师表、能上一节好课、能画一手好画。

我认为名师工作室主持人最大的任务就是通过传、帮、带，促进教师成长。在“传、帮、带”活动中，我以教科研为抓手、以课堂为主战场、以基本功比赛为练兵场，帮助学员成长为本地区的教学能手和学科带头人。为了能更深层次地培养工作室的成员，我先后邀请了广州美术学院教授陈卫和、广东外语外贸大学教授李于昆担任工作室第一轮和第二轮的理论导师。我还经常带领学员到不同地区、不同学校进行跟岗研修、送教下乡等活动，不定期地邀请专家对我们的学员进行理论知识讲授和专业知识指导。2019 年 12 月 3 日，为了提高工作室成员的美术专业水平，推动美术教育的发展，我带领工作室成员与汕头地区的广东省包敏祥名师工作室团队一起到福建泉州进行集体研修，并邀请了韩山师范学院的邓亮生和张良两位教师担任指导专家。这次集中研修不仅使学员在专业知识的提升上有了重大突破，还促进了不同地区美育教学经验的交流。

崔：您今年不仅开始了新一轮广东省名师工作室的建设，还承接了“广东省基础教育小学美术教研基地”建设的项目，可谓收获累累硕果。您能简单介绍一下这个项目的背景、目标和建设方案吗？

黄：广东省基础教育小学美术教研基地是省教育厅推进基础教育的一个新的重要抓手，3 年为一个周期，一个基地每年有 20 万元的教研经费。广东省基础教育小学美术教研基地在广东省只有两个，我主持的是其中一个。这个项目担负着广东省小学美术教研先行先试和新一轮教学改革的重任，项目的主要目标是结合乡村振兴中的教育振兴，探索一套适合广大农村地区的美术教育策略，进一步缩小城乡美术教育质量的差距。该项目具体的建设方案还在论证中，还不够成熟，所以就不具体介绍了。欢迎您和全国的同行、专家来清远指导。

崔：谢谢！在与您的交谈中，有一个词您始终没有提及，但它在我的脑海中越来越清晰、深刻，那就是“均衡”。在英西中学任职期间，您注重的是美术特长生的专业技能与理论知识和其他学科的均衡发展，以及普通学生的审美素养、人文素养与科学素养的均衡发展；担任清远市美术教研员之后，您追求的是各区县、城乡、学校之间美术教育的均衡发展，以及学生在美、德、智、体、劳各方面的均衡发展。可以这么说，二十多年来，您一直行走在探索均衡教育的道路上。在结束我们的访谈之前，请谈谈您对清远市美术教育未来发展的愿景。

黄：您过奖啦！我们现在正在开展“全科美育”的实验项目（全员：全校师生全员参与美育；全域：学校全方位、全过程渗透美育；全科：所有学科都融入美育），现已在全市的8个县(市、区）设立实验镇和基地学校。这是我们清远美育的教育共同体，我将这个项目称为清远美术教育的2.0。我相信，假以时日，我们一定会走出一条美术教育的“清远之路”。

崔：感谢您的分享。祝愿清远美术教育更上一层楼，祝您在均衡教育的道路上一路繁花、硕果累累！

（此文发表于《中国美术教育》2021年第5期）